童眼识天下 科普馆

飞机

童心○编著

化学工业出版社

·北京·

图书在版编目（CIP）数据

童眼识天下科普馆. 飞机/童心编著. —北京：化学工业出版社，2019.10（2024.6重印）
ISBN 978-7-122-34862-3

Ⅰ.①童… Ⅱ.①童… Ⅲ.①常识课-学前教育-教学参考资料 Ⅳ.①G613

中国版本图书馆CIP数据核字（2019）第139530号

责任编辑：张素芳　　　　　　　　　　　　　　封面设计：张　辉
责任校对：王　静

出版发行：化学工业出版社（北京市东城区青年湖南街13号　邮政编码100011）
印　　装：北京宝隆世纪印刷有限公司
889mm×1194mm　1/20　印张4　2024年6月北京第1版第7次印刷

购书咨询：010-64518888　　售后服务：010-64518899
网　　址：http://www.cip.com.cn
凡购买本书，如有缺损质量问题，本社销售中心负责调换。

定　　价：22.80元

你好，欢迎来到飞机博览会，这里收藏有古今中外各式各样的飞机。这些家伙长着翅膀，能飞上天空，还能完成各种各样的任务呢。

别看飞机在 20 世纪初才出现，但它们更新换代的速度却非常快，仅仅用了一百多年的时间，就发展成了功能各异的偌大家族。航天飞机带你飞向太空，轰炸机让敌人闻风丧胆，客机载你飞向万里之外去旅行，农业飞机能喷洒药物消灭病虫害……

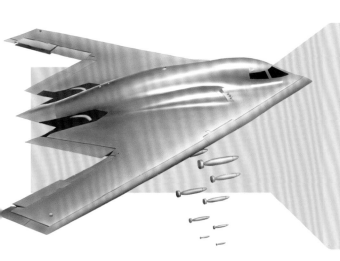

除此之外，还有监控天气的气象飞机、御敌于国门之外的歼击机、在空中翩翩起舞的特技表演机……什么？还想了解更多的机型？那还等什么，赶紧与我们一起走进《童眼识天下科普馆——飞机》的世界吧。

目录

CONTENTS

1	我们的飞天梦
6	飞机诞生啦
8	飞机的身体
10	飞机怎么飞起来
12	空中交通线
14	飞机场，我的家
18	机场大脑——塔台
22	逾山越海的客机
26	载重之王——运输机
28	风云变幻，尽在掌握——气象飞机
30	天上的"农夫"——农业飞机
32	空中救命神器——医疗救护机
36	天上加油站——空中加油机
38	空中游览真新鲜——游览机
40	飞机里的"小白鼠"——试验研究机
42	空中"舞蹈家"——特技表演机
44	森林消防战士——森林消防飞机
46	空中探索家——航测飞机
48	翱翔蓝天的滑翔机
52	往返太空的航天飞机
56	空战勇士——歼击机
60	空中堡垒——轰炸机
64	空中指挥所——预警机
66	空中爆破手——强击机
68	空中剑客——截击机
70	情报，才是第一位——侦察机
72	潜艇克星——反潜巡逻机
74	树梢杀手——武装直升机

我们的飞天梦

　　自古以来，人类就怀揣着能像鸟类一样，飞上天空的梦想。为了让这个伟大的梦想变成现实，古今中外的人们做了许多尝试……

神话与"飞天梦"

　　在古代，人们就向往美丽的天空，但却做不到像鸟类那样振翅飞翔。于是，他们发挥想象力，把自己的"飞天梦"寄托在神话中，塑造了像嫦娥奔月、敦煌飞天、代达罗斯和伊卡洛斯用鸟的羽毛扎成翅膀飞行等经典的形象。

人们的尝试

　　为了飞上天空，人们决定向鸟类学习，制作了各式各样的翅膀，绑在身上，然后从高处跃下，快速摆动着双臂，试图像鸟那样飞起来，但结果都失败了。人们渐渐意识到，人是不能靠扇动翅膀而飞行的。于是，关于各种飞行器的研究流行起来。

飞起来的热气球

　　1783 年，在数万民众的见证下，一个大大的热气球载着几名特殊的"乘客"——羊、公鸡和鸭子，从地面缓缓升上天空。这个叫"热气球"的新鲜玩意儿是蒙戈尔菲耶兄弟发明的。几个月后，两个人还顺利完成了全球首次热气球载人飞行。

飞艇

在热气球被发明不久后，另一种飞行器也出现了，它就是飞艇。20 世纪初，德国人齐柏林改进的"齐柏林飞艇"，更是让飞艇走向了辉煌。

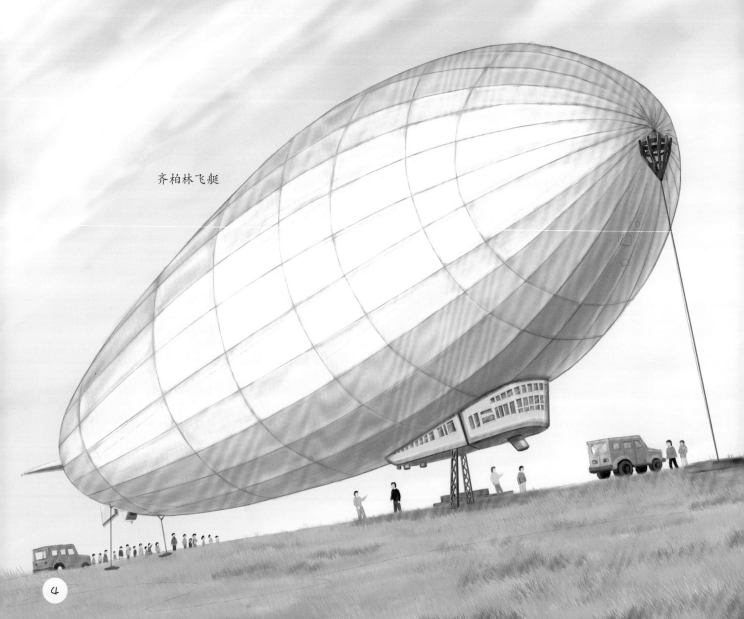

齐柏林飞艇

滑翔的飞行器

除了热气球、飞艇以外，还有另一种飞行器——滑翔机。早期的滑翔机没有安装任何动力，完全靠着自身的结构以及气流的帮助，在高空滑翔。到了20世纪，人们为滑翔机装上了动力装置，让它能自由起飞，在空中关闭发动机后仍能继续滑翔。在这之后，人们又开发出滑翔伞、滑翔翼等，这让滑翔逐渐成为被大众认可的一项休闲运动。

早期的滑翔机，危险性很高

现代滑翔运动

飞机诞生啦

如果你打算来一场长途旅行，还不想浪费时间的话，那么快捷迅速的飞机就是个好选择。飞机是目前速度最快的交通工具，但你知道它是怎么诞生的吗？

莱特兄弟

在发明飞机前，莱特兄弟的人生轨迹很寻常。他们没接受过高等教育，但却对飞行器和机械很感兴趣。后来，俩人开了一家自行车店，一边经营，一边钻研、设计飞行器。

"飞行者"号

　　莱特兄弟总结经验，对曾经的滑翔机进行改造：一架木质结构的双翼飞行器，表面蒙着一层帆布，装有发动机，简陋的控制杆可以操纵升降高度。它被命名为"飞行者一号"。

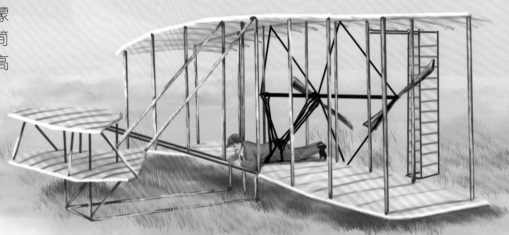

历史性的一刻

　　1903年12月17日，美国的莱特兄弟带着"飞行者一号"在一座滨海小镇开始了试飞，结果，飞行器第一次试飞就在12秒的时间飞行了36米。虽然这个数据看上去很不起眼，但却被认为是现代飞行的起点。莱特兄弟也成为动力飞机的发明者。

飞机的身体

第一次乘坐飞机时，当你看到停在机场的庞然大物，会不会很好奇它的结构呢？别着急，让我来告诉你！

大大小小的零部件

飞机是由各种大大小小的零部件组装成的，零部件数量与飞机类型有关。当然，组装一架飞机所需的零部件数量多得难以想象。这些零件可精密啦！如果有一个受损，很可能会导致整架飞机出现严重的问题。

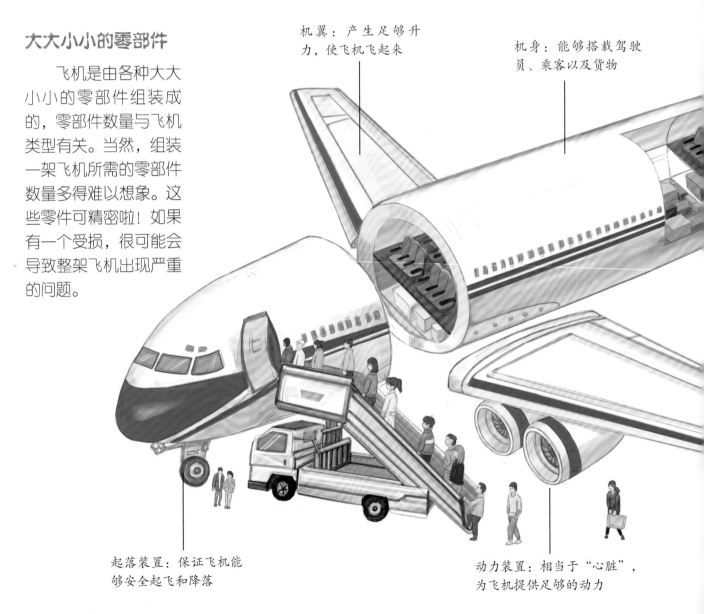

机翼：产生足够升力，使飞机飞起来

机身：能够搭载驾驶员、乘客以及货物

起落装置：保证飞机能够安全起飞和降落

动力装置：相当于"心脏"，为飞机提供足够的动力

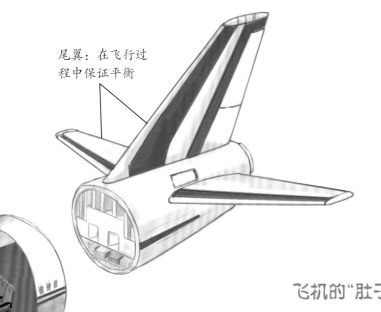

尾翼：在飞行过程中保证平衡

不变的结构

虽然飞机已经诞生了百余年，结构造型跟早期比起来，发生了翻天覆地的变化，但绝大多数飞机都拥有以下5个部分——机身、机翼、尾翼、动力装置以及起落装置。这些构件各有作用，有了它们，飞机才能在天空中平稳飞行和安全起落。

飞机的"肚子"

绝大多数飞机都是需要人来操控的，所以在建造飞机时，人们专门在它的"肚子"里为驾驶员留好了位置。而有的飞机把"肚子"造得很大，比如客机，因为它除了搭载驾驶员外，还要接纳更多的乘客或者货物。

飞机怎么飞起来

当我们抬头望向湛蓝的天空，也许会刚好发现一架飞机拖着一道白线，向远方飞去。这时，你可能会问：像飞机这么沉重的东西，究竟是怎样飞上天空的呢？

强健有力的"心脏"

发动机是飞机的心脏，是它飞行的关键。跟汽车发动机相比，飞机的动力要强上许多倍。正是靠着这样强健有力的"心脏"，飞机才可以顺利飞行。

飞行前的助跑

不知道大家注意到没有，除了直升机外，大多数飞机在起飞前，都会在跑道上"助跑"一段距离后，再腾空而起。其实，这是因为沉重的飞机如果要从地面起飞，必须产生足够的升力，而助跑是最好的手段。

直升机

　　直升机与其他的飞机不太一样，它的头顶上多出了几片长长的"叶子"，这些"叶子"叫做旋翼，也叫螺旋桨。旋翼快速转动，可以产生巨大的升力，能把直升机直接拖带到空中。

空中交通线

飞机是人们出行的重要交通工具之一，它们每天都会在天上来回奔波。那么，这么多飞机在天上飞来飞去，难道不怕撞在一起吗？

无形的航线

天空不像地面，没有道路来规划交通标志线，标明飞行的方向、顺序。但这并不意味着飞机可以随便乱飞，它们也需要按照规划好的航线飞行。这些航线虽然是无形的，但所有飞机都要遵照分配好的航线飞行，不能出一点儿差错。

严格的规定

为了保证飞机的飞行安全，人们对各类飞机的航线进行了严格规定。不仅包括了航线宽度、方向，还限制了不同航线的飞行高度。如果遇到特殊情况，在向地面指挥中心请示后，飞机也是可以临时变更航线的。当然，这样的现象并不多见。

航线也分类

航线的数量太多了，为了方便区分，人们根据它的起点和终点进行了简单的分类：一种是国际航线，就是飞机要在两个及以上的国家飞行；第二种是国内航线，只在某个国家境内飞行；还有一种比较特殊，是地区航线，例如从中国内地飞往港澳地区的航线。

飞机场，我的家

再"勤劳"的交通工具也有"疲劳"需要休息的时候，那么飞机平时不飞行时，会在哪里"小憩"呢？当然是在大大的飞机场啦！

开阔的停机坪

停机坪的历史可以追溯到飞机刚诞生的时候。那时的停机坪很"朴素"，就是一块开阔的空地或草坪，专门供飞机起降与停留。现在的停机坪越来越专业，也愈加开阔，以便停放更多的飞机。

长长的跑道

大多数飞机在飞上天空前，必须要加速助跑一段距离，而这也就需要跑道的存在。跑道材质各异，有用混凝土的，有用沥青的，也有用平整草地的。机场里往往有很多条跑道，长度和飞机的大小、类型相关。跑道两侧还有灯光系统，方便飞机夜间起降。

乘客中转站——航站楼

除了停机坪和跑道，机场里还有很多建筑设施，航站楼就是其中之一。航站楼主要为乘客提供候机服务，比如：客运服务、休息区域、娱乐餐饮和购物设施、托运行李等。

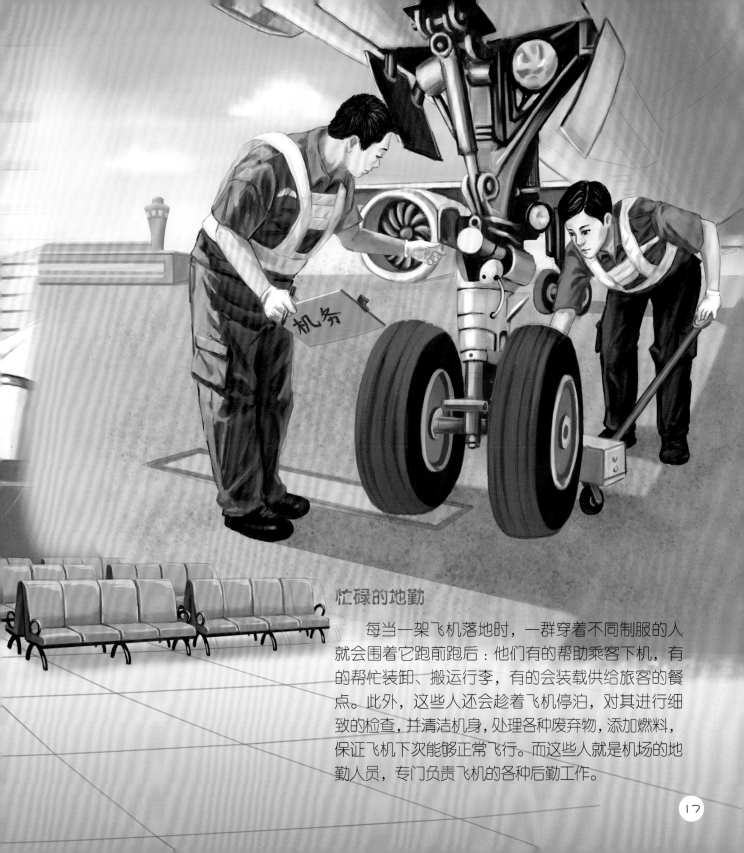

忙碌的地勤

  每当一架飞机落地时，一群穿着不同制服的人就会围着它跑前跑后：他们有的帮助乘客下机，有的帮忙装卸、搬运行李，有的会装载供给旅客的餐点。此外，这些人还会趁着飞机停泊，对其进行细致的检查，并清洁机身，处理各种废弃物，添加燃料，保证飞机下次能够正常飞行。而这些人就是机场的地勤人员，专门负责飞机的各种后勤工作。

机场大脑——塔台

机场里有很多建筑，但最吸引人眼球的，还要数那座细细高高的塔楼了。它就是人称"机场大脑"的塔台。

怎么那么高？

放眼望去，机场里最高的建筑就是塔台。所谓"站得高，望得远"，人们为了方便观察机场周围的环境，掌握四周动态，保证飞机能够平安起降，所以才修建了高高的塔台。

360° 视角

　　瞧，这里是塔台顶层，四面都是透明的窗子，站在这儿，可以环视整个机场。

机场中枢在这里

假如将机场比作一具人体，那么塔台就相当于重要的神经中枢，是机场最核心的部门。这里有风向和气压仪表等监测设备，连接着飞机里的无线电，可以给飞机驾驶员提供风向、气温、气压、能见度等情报，确保飞机安全起飞和着陆。

逾山越海的客机

经过百余年的发展，飞机的类型越来越多，但真正能算大型交通工具的飞机只有一种——民航飞机，也就是客机。

客机起源

飞机被发明十几年后，真正能够载人的客机才出现。虽然当时客机载人数量不多，却意义重大。后来，经过发展，飞机载客的数量从个位数突破到三位数，客机已经成为世界上又一大流行的交通工具。

客机巧分类

你一定很好奇，客机还分很多种？这是当然啦。如果按照载客量来看，客机可以分为大型、中型以及小型；要是按照航程来分，客机也可以分为远程、中程和近程；还可以直接按照推进方式分成喷气式飞机和螺旋桨飞机。

翘起来的小翅膀

在客机长长的"钢铁之翼"末端，还有一对翘起的"小翅膀"。那是什么？又有什么用呢？原来，它叫"翼梢小翼"，是客机的重要部件。它不仅能帮助飞机机翼"划开"空气，减小阻力，还能节省燃料，减小噪声。此外，人们还会在"翼梢小翼"上印上图案，起到装饰的作用。

机舱，别有洞天

客机内部有一个大大的空间，被划分成不同的功能区。首先是驾驶舱，它位于客机最前端，是飞机驾驶员的"操纵间"，不允许无关人员进入；中部上层是乘客的座位，叫做客舱；中部下层则是货舱，里面装载运输的行李货物，由于位于飞机的"肚子"，所以也被称为"腹舱"。

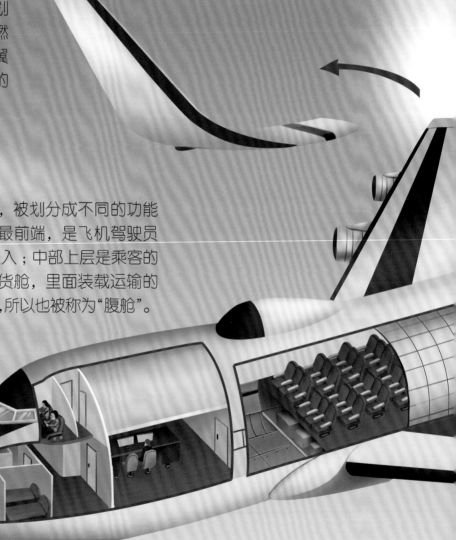

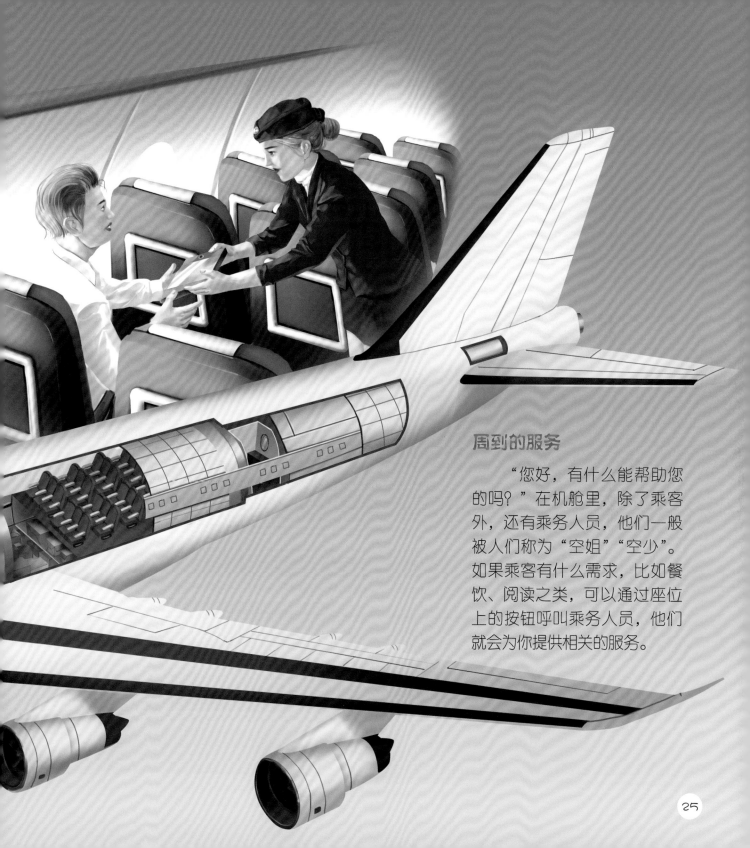

周到的服务

"您好，有什么能帮助您的吗？"在机舱里，除了乘客外，还有乘务人员，他们一般被人们称为"空姐""空少"。如果乘客有什么需求，比如餐饮、阅读之类，可以通过座位上的按钮呼叫乘务人员，他们就会为你提供相关的服务。

载重之王——运输机

陆地上运送货物的汽车叫做大货车，而在天上，负责运输货物的飞机叫做运输机。

种类繁多

运输机的种类有很多：从大小上分为普通运输机和大型运输机，从用途上分为军用运输机和民用运输机，从速度上分为亚音速运输机、超音速运输机和高超音速运输机，从航程上分为中程运输机和远程运输机。

空中巨无霸

世界上承载重量最大的运输机是乌克兰的安 –225 运输机，它最大起飞重量可以达到 640 吨，背上还能背一架飞机，是目前世界上最大的客机的 4 倍。最厉害的是，它是多项世界纪录的保持者！

风云变幻，尽在掌握——气象飞机

天气瞬息万变，别担心，我们有聪明的气象飞机，它可是侦查天气、探测特殊气象的行家。

"科研工作者"

气象飞机，是人们为了探测气象专门设计的飞机，它的用途可多着呢。除了探测常规的温度、湿度等，它还要研究各种各样的气象问题，比如大气中都有什么？这片云什么时候降水？还有海水的温度、风暴的结构……这么说来，它还是一位科研工作者呢。

复杂的气象仪器

气象飞机上的设备可真多，比如监测云雾参数的气象仪器，感知台风、暴雨的遥感仪器等。要是遇到沙漠、海洋或者山区，飞机还会投下一种特殊的探测仪，它能够检测出空气中温度、湿度和压力的垂直分布情况。

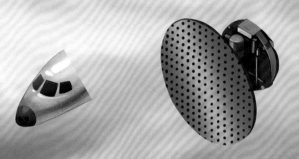

气象飞机上的探测设备

穿入台风眼

进入台风眼？你没有听错，气象工作者们为了掌握台风的信息，会驾驶着气象飞机深入台风中心。只有这样，人们才能更准确地预测台风。

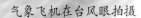

气象飞机在台风眼拍摄

天上的"农夫"——农业飞机

火辣的太阳，广阔的农田，农民伯伯耕种真是太辛苦了。好在，我们有一个能干的好帮手——农业飞机。它可以在空中播种、施肥、喷洒农药，我们一起去认识一下它吧！

空中"农夫"

传统的播种方式要靠人工劳动，不仅辛苦，而且效率也不高。用飞机播种就容易多了，农业飞机只要低空飞过田野，就能让小种子们"扎"进土里，不仅效率是人工播撒的好几十倍，就连成活率都大大提高了。

防治病虫害

飞机在行驶的时候会产生气流，而气流形成的旋涡刚好可以使农药喷洒到农作物的茎部和背面。你看，农业飞机一边在空中灵巧地飞行，一边将药液均匀地喷洒在农作物上，既方便又省力。

灵活又轻便

农业飞机在工作的时候，就像鸟儿一样上下翻飞，格外轻巧灵活。为了减轻重量，人们选择用更加轻便的材料打造它的机身。这样一来，农业飞机就能够在田野上空灵活地爬升、下滑，甚至原地打转。

空中救命神器——医疗救护机

"有人受伤了,赶快送医院!"如果此时山高路远,找不到医院,或者地形复杂、交通拥堵,又或者病情紧急,而身边的急救条件落后,我们应该怎么办呢?别怕,有医疗救护机来帮忙!

天上的"医院"

救护飞机上安装了大量先进的医疗、监护设备,比如除颤仪、呼吸机、输液泵等,简直就像是一个飞在天上的医院。这样一来,伤员就能够在抢救的"黄金时间"里得到及时治疗。

专业"天使"

　　空中救护是特殊的救援方式，这对飞机上的医务人员有很高的要求。"天使们"不能晕机、不能恐高，还要在抢救病人的同时保护好自己。所以呀，救护机上的医务人员可都是经过专业训练的！

时间就是生命

接到任务，行动！这架机身上画着醒目"十字"的飞机会在第一时间赶到救援现场，然后以最快的速度将病人送到医院。它能减少病人在途中的颠簸，还能大大缩短途中转运的时间。

生命保护神

　　除了紧急救援情况，我们也能在一些活动上看见救护机的身影。比如冬天，不少人选择参加冰雪活动。这时，我们的保护神——救护机，就会停靠在雪山顶，或者盘旋在空中，为我们的生命安全保驾护航。

天上加油站——空中加油机

飞机如果遇到特殊情况，在飞行中油箱没油了怎么办？有在天上给飞机加油的"空中加油站"吗？确实有哦！这个加油站就是空中加油机。

"飞速腾"小加油站

空中加油机经常出现在战争中，当飞机在执行任务时收到油量不足的警报，又不能降落的时候，空中加油机就会出现在飞机身边，给飞机加满油，让它可以继续执行任务。

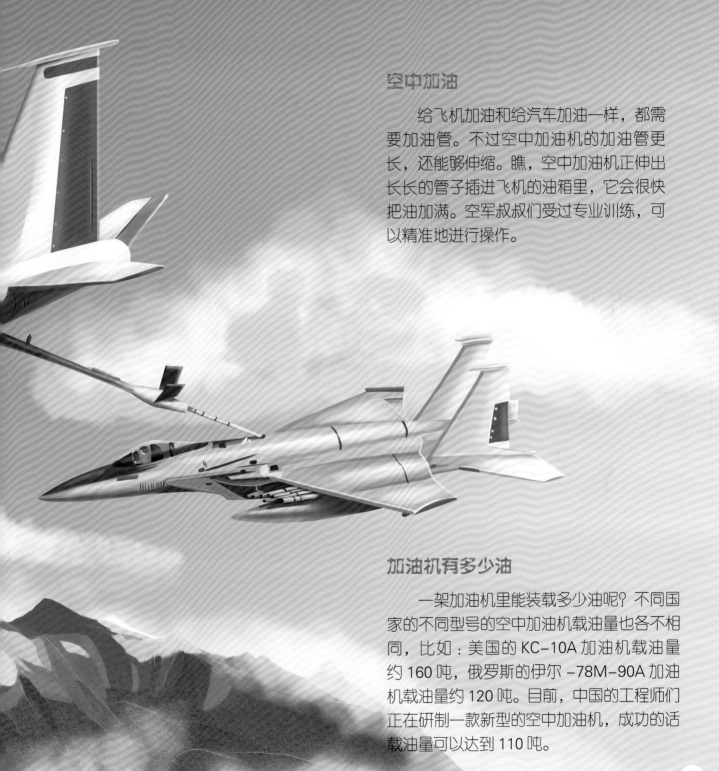

空中加油

给飞机加油和给汽车加油一样，都需要加油管。不过空中加油机的加油管更长，还能够伸缩。瞧，空中加油机正伸出长长的管子插进飞机的油箱里，它会很快把油加满。空军叔叔们受过专业训练，可以精准地进行操作。

加油机有多少油

一架加油机里能装载多少油呢？不同国家的不同型号的空中加油机载油量也各不相同，比如：美国的 KC-10A 加油机载油量约 160 吨，俄罗斯的伊尔 -78M-90A 加油机载油量约 120 吨。目前，中国的工程师们正在研制一款新型的空中加油机，成功的话载油量可以达到 110 吨。

空中游览真新鲜——游览机

过去，我们都习惯用脚步去丈量风景，留下"不识庐山真面目"的遗憾。如今，我们可以在游览机的帮助下，实现"一览众山小"的愿景。

空中游览好帮手

用于空中游览的航空器一般体形较小、轻便平稳，可以超低空慢速飞行，这样才能满足人们欣赏风景的需求。热气球、飞艇、小型运输机、直升机都能符合条件，成为人们空中游览的好帮手。

不一样的视角

"哇！好美啊！原来从天上往下看是这个样子的。"游览机飞过朴实的古街、幽美的山谷、起伏的高山、浩渺的大海，从天空俯视美景，真是别有一番韵味。

飞机里的"小白鼠"——试验研究机

在飞行速度与高度不断突破的今天，飞机的飞行性能也越来越完善，而这当中少不了试验研究机的功劳。

"小白鼠"

在现代航空航天科学的发展中，工程师往往会遇到"拦路虎"。为了打倒"拦路虎"，工程师"培育"了许多"小白鼠"。这些"小白鼠"就是试验研究机，它们可以帮助工程师试验各种数据、减少风险，直到研制成功。任劳任怨的"小白鼠"是飞机工程师最得力的助手。

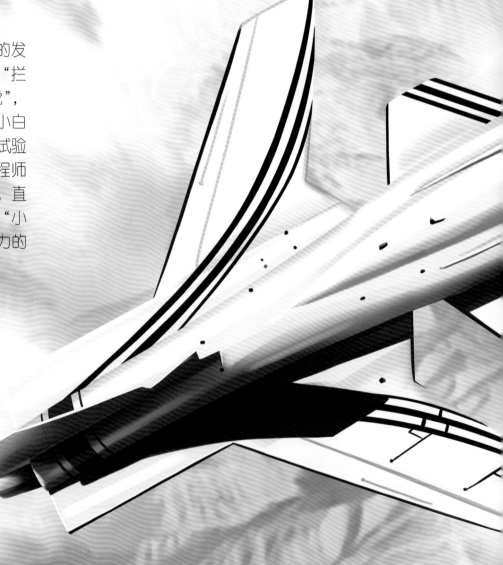

飞机中的"X战警"

试验研究机有个代号——"X"，X是单词"Experimental"的缩写，是试验的意思，同时具有"未知"的含义。在一架飞机面世之前，它要面对很多未知的困难，试验研究机就是直面这些未知困难的先锋。

空中"舞蹈家"——特技表演机

瞧，那几架飞机一会儿急速上升，一会儿突然下降，一会儿又翻滚着在蓝天上画出各种图案，看得人眼花缭乱。原来呀，它们是空中的"舞蹈家"——特技表演机。

轻巧的飞机

用作特技飞行的飞机，大多是能够喷气的轻型飞机。这种飞机既轻便又安全，而且翼尖还装有彩色的发烟筒，可以在天空留下绚烂多彩的图案。

飞行表演队

要想表演惊险刺激的"空中芭蕾"，只有一架飞机可不够。你看，在天上编队飞行的，就是特殊的飞行团队——特技飞行表演队。它不需要在战场上冲锋陷阵，而是将飞机和艺术结合起来，在蓝天上自由自在地"舞蹈"。

不仅是表演

先别忙着尖叫，我要告诉你的是，特技飞行可不只是为了表演，这更是对飞机性能的检测和实践。要知道，在编队飞行的时候，飞机之间的距离非常近，有时甚至不超过1米，这样高难度的飞行表演，需要飞机具备很好的稳定性。当然了，高超的驾驶技术也是非常重要的。

森林消防战士——森林消防飞机

森林大火远比人们想象的可怕：树木像炸弹一样爆破炸裂，火星所到之处又燃起新的火幕。一旦有风，烈火就会立刻席卷而来。在这种危急关头，就是森林消防飞机大展身手的时候了。

空中"消防栓"

森林消防飞机必不可少的，就是强大的灭火系统。它由三部分组成，包括水泵、喷水管和大大的水箱。你看，当消防飞机经过火场时，就会投下像瀑布一样的水幕。投下水后，消防飞机会回到基地，再次装满水进行下一次灭火。

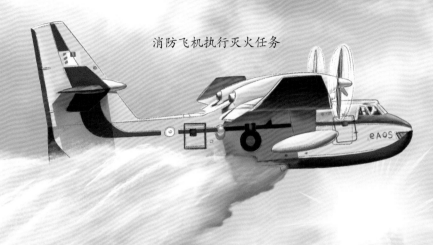

消防飞机执行灭火任务

协同作战

当森林发生火灾时，如果地形复杂的话，那就糟糕了。消防员们无法快速接近火源，灭火的最佳时机就耽误了。不怕，森林消防飞机可以解决这个问题。它能从空中快速抵达火场，是灭火的先锋兵。火势控制住之后，消防员叔叔再进行地面灭火，就相对容易些了。

空中探索家——航测飞机

你有没有想过，书本上的地形图都是怎么测绘出来的呢？告诉你，这多亏了航测飞机！它能翻山越岭，深入无人之境，把广袤大地上的地形如实记录下来。

会飞的数码相机

航测飞机，其实就是一台飞在空中的数码相机。

走进机舱，你会看见它的"肚子"被设置成了透明的摄影舱口，而且每个舱口都装了一台"火眼金睛"的摄影机，它们能对陆地上的事物进行连续、实时的拍摄。

救援，我来帮忙

除了探索未知，航测飞机还能在紧急情况下为指挥部门提供信息。

假如遇到地震，航测飞机就会在第一时间出动，睁大"眼睛"，看看哪条道路塌方，哪里山体滑坡。然后将比例尺地图和三维仿真地图传给指挥中心，救援人员就能依据这些信息，挽救更多的生命。

航测飞机的摄影机

翱翔蓝天的滑翔机

在中世纪时期，人们希望通过模仿鸟类实现飞翔的梦想。达·芬奇还研究过一种扑翼机，设想它能够像鸟和昆虫那样飞起来。滑翔机的出现，让人们不需要上下扇动"翅膀"，就能翱翔在蓝天上。

"重于空气"的飞行器

为什么比空气重的鸟儿也能飞起来呢？原来，想要飞上天空,必须克服两个力：一个是自身的重力，另一个是迎面而来的空气阻力，只要能克服这两种力，比空气重的飞行器也能飞上蓝天。

借助自然力量起飞

滑翔机本身没有动力装置，只能借助气流飞起来。

曾经，驾驶滑翔机要先站在高处，然后从斜坡上向下滑到空中。而现在的滑翔装置，可以由飞机拖拽着起飞，也可以用汽车牵引着起飞。

像鸟一样飞行

德国人奥托·李林塔尔最早发明了可操控的滑翔机。受到鸟类飞行的启发，李林塔尔将飞行与空气动力学联系起来，借助上升的空气来延长滑翔机的飞行时间和距离。

进入实用阶段

1914 年，德国人哈斯研制出了一架现代滑翔机，它不仅能够滑翔，还能借助气流向高处攀升，并且它操作起来更加方便顺手。从此，滑翔机进入了实用阶段。二战期间，一些国家还为登陆部队研制出了专门的军用滑翔机。

越野飞行

　　随着性能的提高，滑翔机开始被用来进行越野飞行，如果赶上晴朗的好天气，它借助气流一天就能飞行几百甚至上千千米。到了现在，滑翔机的种类越来越多，人们可以根据材料、性能、用途来选择自己喜欢的滑翔机。

其他滑翔装置

　　滑翔伞和滑翔翼是从降落伞的基础上发展而来，它的原理和滑翔机一样，同样是利用空气的升力，使飞行器像鸟儿一样翱翔在蓝天上。

往返太空的航天飞机

自从人类文明诞生以来，对浩瀚宇宙的探索就从未停止过。而我的出现，为好奇的人类打开了一扇新的大门。你一定猜到了：我就是航天飞机，你想不想跟我一起去太空看看呢？

冲进大气层

我和普通飞机不一样，是一种太空运载器。普通飞机的飞行空域是在大气层内，而我的飞行主要在高高的外层空间。别看我体形庞大，但是却能往返几十万米甚至上百万米的高空，穿过厚厚的大气层，带着宇航员和设备进入神秘莫测的太空，去执行别人完成不了的太空任务。

太空里的"家"

　　我的主体部分是轨道器，它就是航天员们在太空中的"家"。轨道器看起来像一架小型飞机，它的前端是航天员的座舱，分为上、中、下三层，航天员可以在这里工作、吃饭、睡觉、洗澡，甚至健身。

大肚子机身

　　既然是在天地间运载货物的"使者"，那么大大的货舱是必不可少的。我的货舱在轨道器中段，它将近 20 米长，能够装下一辆公交汽车。我可以把人造卫星从地面带到太空，还能把太空中失效或受损的航天器带回来修理。我甚至还能把"空间实验室"装进肚子里，进行各种科研工作。

直入云霄

　　我上天的时候，不像普通飞机那样先滑行，再升空，我是直直地冲上云霄。因为我的火箭发动机里装满了危险的燃料，为了保持稳定，一般情况下我都是以垂直的姿态发射升空的。

　　我升空的时候离不开助推火箭，它们要在我飞行的前两分钟提供巨大的推力，好让我摆脱地球引力，冲上太空。

空战勇士——歼击机

对空中作战来说，既要拦截消灭来犯的敌机和巡航导弹，又要精准打击地面上的敌人和武器装备，争夺制空权，这种时候，当然少不了"空战勇士"——歼击机。

全副武装

歼击机的主要任务就是与敌方的作战飞机作战，争夺制空权，所以我们的"勇士"要全副武装：既要拥有导弹、航炮和火箭弹、炸弹等强大的火力，又要保护好自己。歼击机的驾驶舱被包裹在厚厚的金属装甲中，这样一来，就大大保障了飞行员们的安全。

致命武器

　　歼击机的机身前部装着用来"近距离格斗"的航炮，机身和"翅膀"下面还挂着各式各样的武器，比如炸弹、激光制导炸弹、空空导弹、空地导弹和火箭弹……它们甚至能击中200千米以外的目标，就连坦克的装甲板也能轻易穿透。而且，现代歼击机还配备了先进的搜索、瞄准装置，谁要是被它盯上，那可就在劫难逃了。

弹射座椅

　　军用作战飞机上还配备了弹射座椅。遇到紧急情况时，飞行员只要拉动启动手柄，内置的弹射火箭就会将座舱弹射出去。这样一来，飞行员们就能最大限度地保护自己啦。

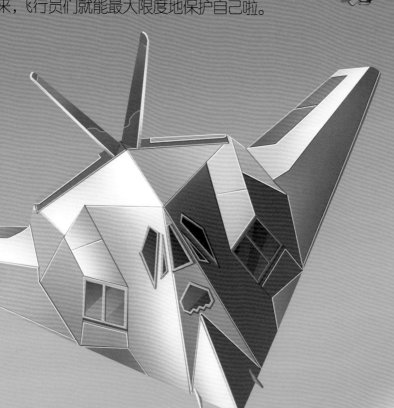

隐身术

　　作战飞机在受到敌方雷达搜索时，会产生回波，把自己的位置暴露给敌人。但是隐身战机是可以"隐形"的——它能使雷达反射波尽量变小，不会出现在敌人的雷达屏幕上。

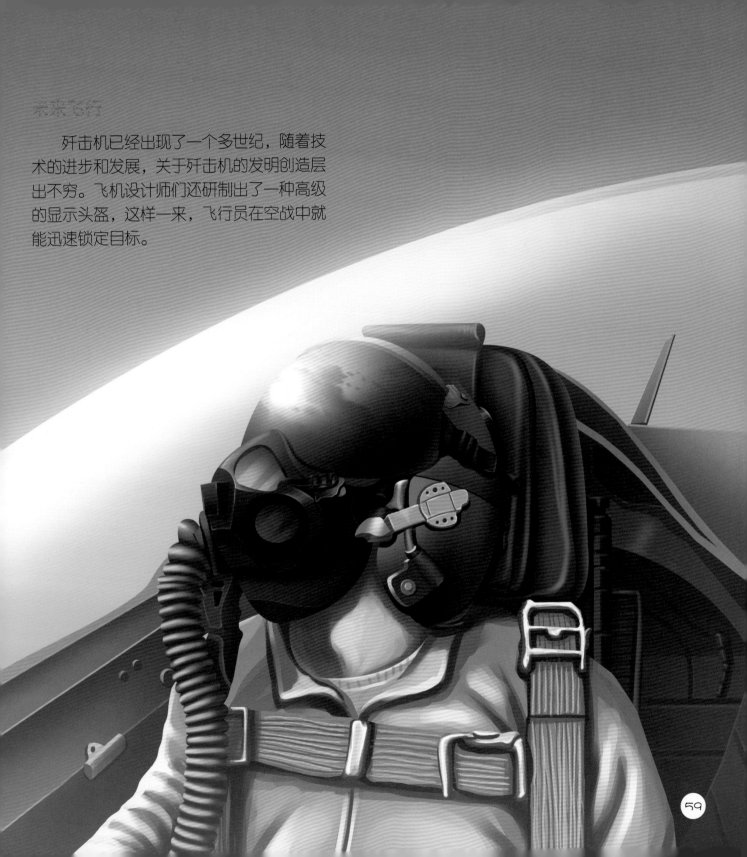

未来飞行

　　歼击机已经出现了一个多世纪，随着技术的进步和发展，关于歼击机的发明创造层出不穷。飞机设计师们还研制出了一种高级的显示头盔，这样一来，飞行员在空战中就能迅速锁定目标。

空中堡垒——轰炸机

听到"轰炸机"这个名字，你会想到什么？轰鸣声、爆炸声、强大的威力，给敌人带来毁灭性的打击。

最早的轰炸机

最早的轰炸机可没有复杂的装置，飞行员只要瞄准目标，将炸弹从飞机上扔下去就可以了。1913年年底，俄国人研制出了世界上最早的轰炸机。随后，其他国家也相继研制出了轰炸机。

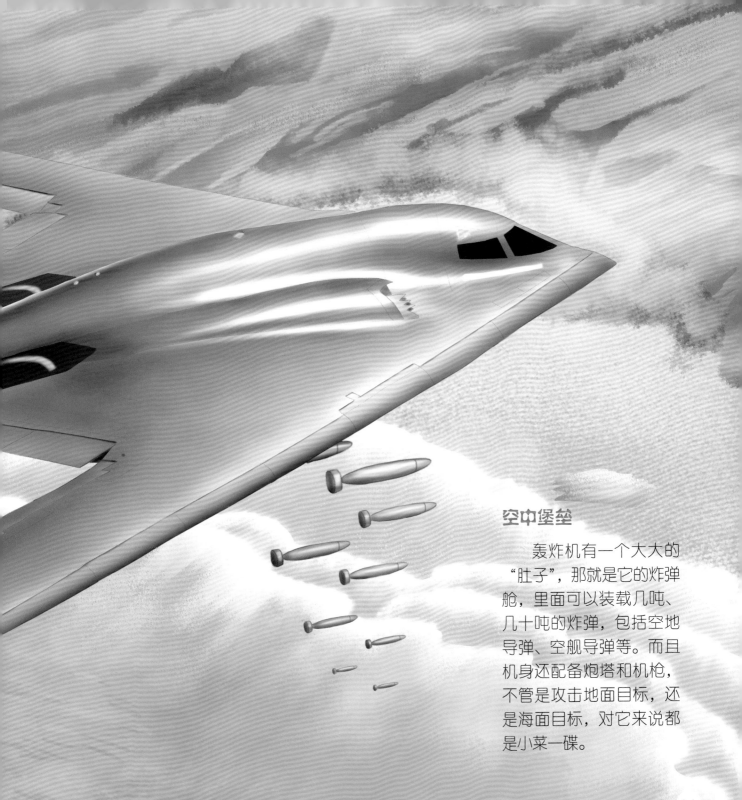

空中堡垒

轰炸机有一个大大的"肚子",那就是它的炸弹舱,里面可以装载几吨、几十吨的炸弹,包括空地导弹、空舰导弹等。而且机身还配备炮塔和机枪,不管是攻击地面目标,还是海面目标,对它来说都是小菜一碟。

全天候轰炸

轰炸机中有不少电子设备，比如跟踪雷达、自动驾驶仪等。其中的火控系统更是厉害得不得了，它能够让飞机保持"体力"，全天候持续轰炸，而且命中率极高。这个一肚子"危险品"的家伙，是当之无愧的"空中战神"。

厉害的 "尾巴"

除了机身上的机枪和炮弹之外，轰炸机 "尾巴" 上的双联机枪更是让敌人闻风丧胆。密集的火力能将后方的敌人打得落荒而逃，因此在战争中，尾炮塔是敌方战斗机最想消灭的目标。

空中指挥所——预警机

预警机虽然出生得晚，但是名气可不小。它给现代化的战争带来了巨大的影响，因而被人们看作武器库里的"杀手锏"。

空中"耳目"

你看，预警机正在空中巡航，一旦发现"可疑目标"，它就会立刻报告。这多亏了预警机上的雷达和电子侦查设备，使它能够大范围观察、搜索情报。而且在战场上，预警机还要利用传感器来分辨信息的真伪，这样才能获得关于战争形势的准确情报，指挥作战飞机进行战斗。

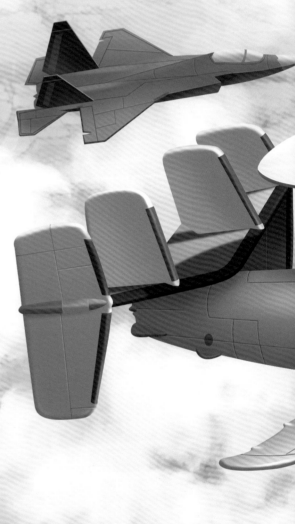

不可缺少的预警机

　　除了充当"耳目"，预警机还能起到警戒作用。在没有战争的时候，预警机依然会保持警惕，在国界和公海上空认认真真地"巡视"，观察敌人的动态，如果对方想要发动突然袭击，预警机就会在第一时间发现。

空中爆破手——强击机

我是强击机，拥有超强的对地攻击力，支援地面部队作战，赢得战争胜利是我和兄弟们唯一的目标。

不在高空飞

我作战的飞行高度范围很低，最高不超过1000米，有时甚至还能在十几米的低空飞行。我的主要任务就是强行突破敌方的防空火力，支援地面上的兄弟们。为了在战斗中减少伤害，我身上的要害部位都有坚固的装甲防护。

破坏力爆表

  我的破坏力是绝对致命的，从 1500 米的高度俯冲下来，只要向地面扫射 6 秒，3000 平方米以内行进的步兵和车队都很难躲过去。而且我的速度非常快，不到 1 分钟的时间就可以结束一轮攻击。

空中剑客——截击机

在武侠片里，常常会有武艺非凡、身手敏捷的剑客。截击机就是飞机当中的剑客。

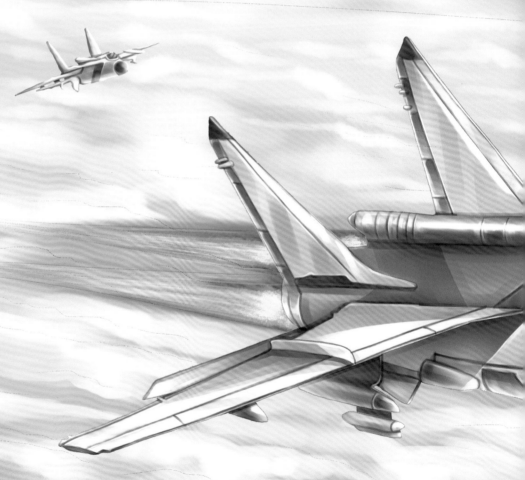

空中"剑客"

截击机的主要任务并不是主动出击，而是要保护领土不被空袭。因为截击机反应快速，在接到报警后，可以迅速到达指定空域进行拦截。所以，跟其他军用飞机比起来，截击机更像是一名剑客。

生人勿近

"嘿，哥们儿！这不是你该来的地方，别再往前了。"每当有敌方飞机靠近的时候，截击机就会这么警告他。你肯定很好奇，截击机是怎么知道有敌人入侵的？这就少不了雷达的功劳了，当地面雷达站探测到目标后，就会向截击机发送指令，截击机就会利用机载雷达截获并跟踪目标。当目标到达有效攻击范围时，截击机就会将目标击落。

情报，才是第一位——侦察机

"知己知彼，百战不殆。"两军对垒，有效而可靠的情报往往是取得胜利的重要条件，此时，侦察机就起了决定性的作用。

获取敌方情报

侦察机是双生子，哥哥是战略侦察机，负责收集敌方战略目标，提供给高级官员和军政部门作为战略参考；弟弟是战术侦察机，深入战区获取敌方重要的军事部署、火力分布及其他情报，提供给前线指挥官。它们并肩作战，合作无间。

主要装备

因为侦察机的主要任务是"刺探敌情"，所以一般是不携带武器的，只配备航空照相机、雷达以及红外线侦察装备，有些侦察机还配有实时情报处理和传递装置，能够快速地将情报进行分析处理。

无人侦察

飞行员驾驶侦察机深入敌方战区是很危险的，这时无人侦察机的优越性就突显了出来。它既可以昼夜不间断地持续侦察，又可以在作战中减少不必要的人员伤亡。

潜艇克星——反潜巡逻机

潜艇不仅具有强大的进攻能力，还是优秀的"水下侦察兵"，但面对反潜巡逻机，潜艇也不得不避其锋芒。

潜艇，不堪一击

别看潜艇平时全副武装地躲在水下，能打能躲，其实它有一个致命的弱点——跑不快。如果被一架装备齐全的反潜巡逻机发现了，只要一发反潜鱼雷就能要了它的命。所以啊，在反潜巡逻机面前，潜艇只能乖乖地藏起来。

虽然反潜巡逻机的主要工作是找到埋伏在水下的潜艇，但是在没有发现可疑目标时，它会与其他兵力一起拉起警戒线，在自己的海域里完成巡逻任务，是绝对不会偷懒的哦。

树梢杀手——武装直升机

武侠的世界里常常有一些绝顶高手，上天入地无所不能，武装直升机就是飞机中的"树梢杀手"，也是"坦克克星"。

武器加持

武装直升机是带有武器装备的军用直升机，它的武器主要是机枪和导弹，当然有的直升机还配备着机炮、火箭弹、反坦克导弹……其中"阿帕奇"武装直升机拥有强大的防护装甲和攻击火力，是武装直升机中首屈一指的"战神"。

本领多多

　　武装直升机的本领可大了！它能在战争中掩护官兵和物资的转移运输，能直接快速地给地面部队提供火力支援，还能完成侦察、指挥等其他作战任务。另外，凭借自身优越的防御性和灵活性，它可以悄无声息地突然出现，攻击摧毁敌方的地面部队。

会"消失"的魔术师

"科曼奇"隐身武装直升机能躲过敌方雷达的搜索，这是因为工程师在设计它的时候，利用一些技术手段减小雷达反射波，使敌人的雷达很难探测到它。怎么样？是不是很神奇？